BEI GRIN MACHT SICH
WISSEN BEZAHLT

- Wir veröffentlichen Ihre Hausarbeit,
  Bachelor- und Masterarbeit

- Ihr eigenes eBook und Buch -
  weltweit in allen wichtigen Shops

- Verdienen Sie an jedem Verkauf

**Jetzt bei www.GRIN.com hochladen
und kostenlos publizieren**

Lars Schmidt

Total Cost of Ownership-basierte Kosten-Nutzen-Analyse bei Virtualisierung

GRIN Verlag

Bibliografische Information der Deutschen Nationalbibliothek:

Die Deutsche Bibliothek verzeichnet diese Publikation in der Deutschen National-
bibliografie; detaillierte bibliografische Daten sind im Internet über http://dnb.d-
nb.de/ abrufbar.

Impressum:

Copyright © 2007 GRIN Verlag GmbH
Druck und Bindung: Books on Demand GmbH, Norderstedt Germany
ISBN: 978-3-640-25984-7

Dieses Buch bei GRIN:

http://www.grin.com/de/e-book/121424/total-cost-of-ownership-basierte-kosten-
nutzen-analyse-bei-virtualisierung

Hausarbeit

im Fach Wirtschaftsinformatik

an der

Hochschule für Technik, Wirtschaft und Kultur Leipzig (FH)
Fachbereich Wirtschaftswissenschaften

Studiengang Betriebswirtschaft

Thema:

Total Cost of Ownership-basierte Kosten-Nutzen-Analyse bei
Virtualisierung

Eingereicht von: Lars Schmidt

Leipzig, den 16.03.07

Zusammenfassung

Unternehmen investieren jährlich mehrere Milliarden Dollar in ihre IT. Ein Großteil davon findet sich in den Serverfarmen wieder. Die Möglichkeit Server zu virtualisieren und somit mehrere Server auf einer physischen Maschine laufen zu lassen ist noch nicht alt, doch bereits jetzt machen sich viele Unternehmen die Virtualisierung zu Nutze, um Investitionen im Bereich der Server einsparen zu können.

Unterschiedliche Umgebungen und Workloads können auf viel weniger Server verteilt und die Ressourcen besser genutzt werden. Einer der Hauptantriebsmomente für die Server-Virtualisierung ist die Tatsache, dass die meisten Server chronisch unausgelastet sind. Die Begründung findet sich darin, dass Server oft für Spitzenleistungen ausgelegt sind, diese aber nur sehr selten auftreten. Unter Normallast liegen die Ressourcen brach. Die Kostenreduktion stellt aber nur einen Aspekt dar, der für eine Serverkonsolidierung spricht; die Virtualisierungstechnik bringt noch einige andere Vorteile mit sich, zum Beispiel bessere Nutzwerte für Mitarbeiter des Unternehmens. Der End-User wird kaum bemerken, ob im Unternehmen mit einer virtuellen Serverfarm gearbeitet wird oder nicht. Allerdings ergibt sich eine Vielzahl an Nutzenpotentiale für Techniker, Consultants, Administratoren und Programmierer.

Die Durchführung einer Total Cost of Ownership-Analyse in Kombination mit einer Nutzwertanalyse bot sich in dieser Arbeit an, um sich der Problemstellung quantitativ und qualitativ nähern zu können. Für den Vergleich von physischen und virtuellen Servern wurden direkte und indirekte Kosten erfasst. Ebenfalls wurden Nutzenelemente bestimmt, die speziell für <<Energiedienstleister AG>> beim Serverbetrieb von maßgeblicher Bedeutung sind. Im Ergebnis zeigte sich die Virtualisierungslösung im Vergleich zur konventionellen Serverlandschaft als die eindeutig bessere Alternative.

Abstract

Billions of dollars are annually spent on IT by companies all over the place. The majority of it relocates at server architecture. The opportunity to run various virtual servers on one substantial server by using virtualization is not very old yet. Still it is one perceived way to effect economy, which has already been considered by many companies.

Diverse environments and workloads can be allocated and run on very few servers in order to spare resources. One of the big time incentives of virtualization is the fact of having servers that are not working to full capacity. Basically because the servers are built for top-rate performance that only occurs every now and then. On regular duty the resources will always lie idle. The reduction of the expenses just makes up one facet over all. This is one striking credit for a server consolidation. But there are ample advantages of virtualization solutions: For instance a better efficiency and utility value for the employees. The end user will hardly notice a difference whether he is working with virtual servers or physical ones. However, using virtualization potential values for technicians, consultants, authorization administrators and software engineers will come along.

For this particular set of problems the most appropriate approach was a combination of a Total Cost of Ownership and a value benefit analysis for the purpose of acquiring the quantitative and qualitative aspects. Hence the entire consisting direct and indirect measurable costs needed to be gathered for a concluding comparison of virtual and pure physical servers. Likewise the most significant beneficial elements for <<Energiediensleister AG>> regarding their server architecture have also been captured. As a result of this suitable comparison the virtualization clearly composes the better solution over the conventional server architecture.

Inhaltsverzeichnis

Abkürzungsverzeichnis

Abb.	Abbildung
Aufl.	Auflage
BIOS	Basic Input Output System
ca.	circa
CIO	Chief Information Officer
CPU	Central Processing Unit
DHCP	Dynamic Host Configuration Protocol
DNS	Domain Name System
f.	folgende
ff.	fortfolgende
Hrsg.	Herausgeber
IT	Informationstechnik
RAM	Random Access Memory
ROI	Return on Investment
S.	Seite
SAN	Storage Area Network
TCO	Total Cost of Ownership
TVO	Total Value of Opportunity
USV	unterbrechungsfreie Stromversorgung
VGA	Video Graphics Array
vgl.	vergleiche
VM	Virtuelle Maschine

Vorwort

Die hier vorliegende Arbeit entstand im Wintersemester 06/07 an der Hochschule für Technik, Wirtschaft und Kultur zu Leipzig im Diplomstudiengang Betriebswirtschaft; Fachrichtung Wirtschaftsinformatik.

An dieser Stelle möchte ich den Personen danken, die zu der Entstehung dieser Arbeit beigetragen haben:

Frau X, ohne die das Erfassen der Kosten nie so genau möglich gewesen wäre,

Herrn Y, der mir in einigen Gesprächen mit Rat und Tat zur Seite stand und die Thematik somit für mich greifbar gemacht hat,

Herrn Z, der mir mit seinen Ausführungen ein sehr genaues Bild des Ist-Zustandes der Serverfarm der <<Energiediensleister>> AG vermitteln konnte, mir grundlegende Denkanstöße gab für die Ergebnisorientierung der Arbeit und jederzeit ein offenes Ohr für mich hatte, in Gesprächen bei der <<Energiediensleister AG>>, via Telefon oder E-mail,

und denjenigen, die hin und wieder einen Blick, zur Korrektur, auf die Arbeit geworfen haben.

1. Einleitung

Diese Arbeit beschäftigt sich mit der Serverkonsolidierung, denn traditionelle Rechenzentren stehen vor einem gravierenden Wandel. Heutzutage fahren sie meist nur noch niedrige Serverauslastungen. „Die Hardware ist mittlerweile sehr leistungsfähig geworden…"[1] Kaum ein Server ist heute noch mehr als 10-15 Prozent ausgelastet[2]. Zukünftig sollen sie flexibel sein und dynamisch reagieren können. Eine Möglichkeit der Umsetzung bieten gemeinsam nutzbare virtuelle Ressourcen.[3]

Ziel einer Serverkonsolidierung ist sowohl die Reduzierung physikalischer Server und damit verbundener Peripherie, als auch das Erreichen besserer Verfügbarkeit, höherer Flexibilität und Erweiterbarkeit. Für Kaufleute stehen hier die Begriffe TCO und ROI, deren Ergebnisse sich positiv durch eine Serverkonsolidierung beeinflussen lassen.[4] Inwiefern das der Fall ist, soll am Beispiel der <<Energiedienstleister AG>> anhand einer TCO-Analyse gezeigt werden.

Seit einigen Jahren gibt es Virtualisierungstechniken am Markt. Bereits in den 70er Jahren virtualisierte IBM die komplette Hardware einer physikalischen Maschine. Es konnten Logical Partitions (LPAR) erzeugt werden und der Zugriff wurde durch einen Hypervisor (VM) überwacht. Heute ist Virtualisierung in aller Munde und benutzerfreundlicher denn je in der Durchführbarkeit. Doch wozu wird virtualisiert? Es soll Energie, Platz und Klimatechnik gespart werden. Diese Arbeit entstand vor dem Hintergrund, aufzuzeigen was tatsächliche Kostentreiber sind. Zudem soll ein Vergleich der konventionellen Systeme mit Systemen, bei denen Virtualisierung zum Einsatz kommt, am praktischen Beispiel der Serverfarm der <<Energiedienstleister AG>>, aufgestellt werden.[5] Zudem werden qualitative Aspekte, die für eine Virtualisierung sprechen, im Verlauf dieser Arbeit erörtert.

2. Virtualisierung

2.1 Warum wird virtualisiert und was versteht man unter diesem Begriff

Programme, die den Bildschirm kontrollieren, heißen Server. Sie verwalten lokale Daten für alle Anwendungsprogramme, den so genannten Clients, die den

---

[1] Zimmer, D.: VMware und Microsoft Virtual Server, Bonn 2005, S. 42.
[2] Vgl. Energie Effiziente IT Produkte.
[3] Vgl. Dynamic Data Center: Befreiungsschlag für Rechenzentren.
[4] Vgl. Zimmer, D.: S. 26.
[5] Vgl. Spath, D. et. al. (Hrsg.): IT Virtualisierung und Grid-Computing, Präsentation in: Tagungsband, Stuttgart 2006, S. 119-125.

Bildschirm verwenden sollen.[6] Server sind sozusagen Diensterbringer, eine Komponente, die Aufträge von Clients entgegennimmt, diese bearbeitet und an den Client zurücksendet. [7] Im Rechenzentrum der <<Energiedienstleister AG>> sichtet man vielzählige Servermodelle, angefangen vom Proliant DL 380 bis hin zum Proliant DL 585. Diese Modelle werden hier nur der Vollständigkeit halber genannt, aber auf Produkterläuterungen in Bezug auf Rechenleistung und andere Produktdaten wird in dieser Arbeit aber verzichtet.

In einem konventionellen, nicht virtualisierten Umfeld, werden meist zahlreiche Server betrieben, mit jeweils nur einigen wenigen Diensten. Auf einem Server läuft somit oft ein einziger Dienst oder eine einzige Applikation, weil der Parallelbetrieb Gefahren birgt. Ist ein Dienst fehlerhaft, kann das gesamte System mit allen anderen Anwendungen abstürzen. Um das Ausfallrisiko zu mindern, unter dem Credo der Verfügbarkeit, lohnt es sich daher Dienste getrennt zu betreiben. Wird zum Beispiel auf einem wenig ausgelasteten Server ein Dienst installiert, auf dem bereits ein wichtiger Dienst läuft (DHCP- oder DNS-Server), können bei einer fehlerhaften Installation im schlechtesten Fall alle Dienste gemeinsam ausfallen. Des Öfteren werden auch Testsysteme genutzt um Wartungsarbeiten oder Updates durchzuführen, um diese anschließend zu testen, bevor dies auf das Produktivsystem gespielt werden. Denn auch hier gilt, dass Änderungen an Konfigurationsdateien oder Pfaden den Systemabsturz herbeiführen können. Ein weiterer Grund Dienste unabhängig voneinander zu betreiben ist das Vermeiden von Chaos. Viele Administratoren können verschiedene Meinungen vertreten, wie ein System aussehen soll. Um zu verhindern, dass sie sich ins Gehege kommen, werden zum Beispiel für einzelne administrative Einheiten eigene Serversysteme eingereicht. Das alles kann dazu führen, dass kritische Dienste auf separaten Servern zur Verfügung gestellt werden, obgleich die Hardwareleistung in keinem Verhältnis zur eigentlichen Anforderung steht. Man kann also davon ausgehen, dass Leistung verschenkt wird, welche das Unternehmen unnötig Geld kostet. Kostentreiber sind hierbei allerdings nicht nur die Anschaffungskosten, sondern auch Kosten für die Wartung, Strom und USV, Klimatisierung der Rechenzentren, sowie die Stellplätze, aber auch Netzwerk- und SAN-Anschlüsse.[8]

An diesem Punkt kommen die Virtualisierungstechniken ins Spiel. Das Bestreben geht dahin, statische Verbindungen von logischen Systemumgebungen, in denen

[6] Vgl. Rechenberg, P./Pomberger, G.: Informatik Handbuch, 4. Aufl., München 2006, S. 896.
[7] Vgl. Schneider, U./Werner, D.: Taschenbuch der Informatik, 5. neubearbeitete Aufl, München 2004, S. 400.
[8] Vgl. Thorns, F.: Das Virtualisierungs-Buch, 1. Aufl, Böblingen 2007, S. 20-21.

Dienste und Anwendungen laufen, aufzuheben, um möglichst viele Dienste und Anwendungen auf einem Rechner zu betreiben. Allerdings sollen dabei die Applikationen in eigene Systeme gekapselt werden. Man spricht hier von der Entkoppelung von Anwendung und System. Wobei physische Systeme zu Ressourcenpools zusammengefasst werden und daraus virtuelle Maschinen entstehen. Somit wird gewährleistet, dass Diensten und Anwendungen nur noch benötigte Ressourcen zugeteilt werden und keine Leistung mehr unnötig gebunden wird. Virtuelle Maschinen lassen sich flexibel verwalten, in kürzester Zeit kann ein neues System bereitgestellt werden, während die Neubeschaffung echter Hardware mehr Zeit in Anspruch nehmen würde. Für Leistungsspitzen eines Dienstes können Ressourcen erhöht an eine virtuelle Maschine gegeben werden. Nach dem Entfernen dieses Dienstes, werden die freien Ressourcen wieder in den Pool gestellt. Fällt nun ein Server, auf dem virtualisiert wird, aus, fallen natürlich in Summe mehr Anwendungen aus als in einem konventionellen Umfeld. Allerdings ist die redundante Absicherung einiger weniger Maschinen mit großer Rechenleistung nicht so kostenintensiv, wie bei etlichen Einzelsystemen. Mit der Virtualisierung eröffnet sich die Möglichkeit einer dynamischeren Disposition. Virtuelle Maschinen können zwischen physischen Hostsystemen im laufenden Betrieb umgezogen werden, da die Virtualisierungslösung auch auf einem unterschiedlichen Hostsystem gleich bleibt. Das heißt: VMs lassen sich während in ihnen Server-Software läuft ohne Unterbrechung von einem Rechner auf einen anderen verlagern[9]. Dies kann an Bedeutung gewinnen, wenn Wartungsarbeiten an einem Server vollzogen werden müssen oder Ressourcen für die Leistungsspitze eines Servers einer anderen virtuellen Maschine bereitgestellt werden sollen. Virtuelle Maschinen verhalten sich wie echte Rechner. Auf ihnen kann genauso ein Betriebssystem installiert werden und Programme, sowie Logins eingerichtet werden. Dem Endbenutzer fällt in aller Regel nicht auf, ob er auf ein virtuelles oder echtes System zugreift.[10]

2.2 Wie funktioniert Virtualisierung

„Eine VM ist ein nachgebildeter Rechner, der in einer abgeschotteten Umgebung auf einer realen Maschine läuft."[11] Vereinfacht ausgedrückt ist die virtuelle Maschine

[9] Vgl. Unbekannter Verfasser: VMWare verschenkt den GSX Server, Artikel in: CT – Magazin für Computertechnik, 2/2006, S. 60.
[10] Vgl. Thorns, F.: Das Virtualisierungs-Buch, 1. Aufl, Böblingen 2007, S. 21-23.
[11] Ahnert, S.: Virtuelle Maschinen mit VMware und Microsoft, München 2007, S. 22.

lediglich ein Prozess, der innerhalb eines Betriebssystems läuft.[12] Die VM kann als vollwertiger Computer gesehen werden mit eigenen Komponenten, wie CPU, RAM, VGA-Adapter, Netzwerkkarten und auch Festplatten. Auf bestimmte physikalische Bauteile darf die VM kontrolliert zugreifen, wie etwa CPU und RAM; hingegen können andere Geräte komplett emuliert werden, ohne dass echte Hardware dahinter steht. In einer VM lassen sich Betriebsysteme installieren. Die Software meint dabei auf einem richtigen Computer zu laufen. Bestehende Anforderungen des Gastsystems, wie das Schreiben auf die Festplatte oder Netzwerkkommunikation, werden von der Virtualisierungssoftware abgefangen und an die echte oder emulierte Hardware geleitet.[13]

In der praktischen Umsetzung funktioniert dies folgender Maßen: Nach dem Öffnen des Administrationswerkzeugs wählt man ´neue virtuelle Maschine´. Im darauf folgenden Menü kann die komplette Hardware eingerichtet werden. Die sich ergebende Datei, in der die Größe des Arbeitsspeichers und der Festplatte bestimmt ist, wird im normalen Dateisystem auf dem physikalischen Server abgelegt. Ebenso wird dort eine Konfigurationsdatei hinterlegt. Es ist schwer vorstellbar, aber es handelt sich hier um einen kompletten Rechner, deswegen muss auch eine BIOS-Datei abgelegt werden, falls Änderungen im BIOS der VM vorgenommen werden, wie zum Beispiel die Änderung der Bootreihenfolge. Um den Status einer VM lückenlos zu protokollieren wird häufig noch eine Protokolldatei für jede VM auf dem Wirt-System hinterlegt. Startet man nun die virtuelle Maschine, startet ein neuer Rechner im Rechner, beginnend mit dem BIOS. Über das Administrationstool der Virtualisierungssoftware kann nun eine Betriebssystem-CD in das CD-ROM-Laufwerk der VM eingelegt werden und die Installation kann beginnen. Auch weitere Konfigurationen erfolgen über das Administrationstool, zum Beispiel ob eine VM das Hostsystem oder andere VMs im virtuellen Netzwerk sehen darf.[14]

Der Host ist ein realer Rechner mit Betriebssystem und gewohnter Arbeitsoberfläche. Auf ihm laufen als Anwendung einige virtuelle Maschinen. Nach diesem Prinzip arbeiten VMware Server und Microsoft Virtual Server. Der VMware ESX Server läuft im Gegensatz dazu direkt auf der Hardware und benötigt dabei kein Wirtsbetriebssystem.

---

[12] Vgl. Zimmer, D.: VMware und Microsoft Virtual Server, Bonn 2005, S. 31.
[13] Vgl. Ahnert, S.: Virtuelle Maschinen mit VMware und Microsoft, München 2007, S. 22.
[14] Vgl. Zimmer, D.: S. 31-32.

Eine VM wird auch als Gast bezeichnet. Die Software, die sich zwischen das Gastsystem und die reale Hardware schiebt, nennt sich Virtualisierungslayer. Der Virtualisierungslayer bestimmt die für den Gast verfügbare virtuelle Hardware. Je nach Virtualisierungslösung ist diese virtuelle Hardware immer typgleich. Auch hier gilt: Bei VMware Server[15] und Microsoft Virtual Server läuft der Virtualisierungslayer auf dem Wirtsbetriebssystem, während beim VMware ESX Server[16] der Virtualisierungslayer direkt auf die physische Hardware zugreift.[17] Hier wird sich eines so genannten VMkernels bedient, mit dem Vorteil eine deutlich höhere Geschwindigkeit zu erzielen, mit der die VM auf physikalische Hardware zugreifen kann, da weniger Komponenten beteiligt sind und folglich weniger Ressourcen verschwendet werden.[18] Auf fortführende Erläuterungen der Funktionsweisen wird hier verzichtet, da dies nicht Hauptbestandteil dieser Arbeit sein soll.

2.3 Welche Anbieter gibt es am Markt

Die Spanne der erhältlichen Lösungen reicht von kostenlosen Produkten für kleinere Umgebungen bis zu großen unternehmensweiten Konfigurationen. Für virtuelle Test-, Demo- oder Schulungsumgebungen stehen diverse Anbieter mit einer wachsenden Anzahl von Produkten bereit. Es gibt Desktop-Produkte wie VMware Workstation und Virtual PC, außerdem bieten kostenlose Serverprodukte, wie VMware Server, Microsoft Virtual Server und Xen, Werkzeuge zur Virtualisierung. Bei Systemen mit großen Benutzerzahlen und zunehmenden Variationen sollte auf eine High-End-Lösung abgestellt werden, in Verbindung mit dem Einsatz eines Lab Managers, für gute Überschau- und Handhabbarkeit. An dieser Stelle ist VMware´s Flaggschiff, der ESX Server, zu nennen. Ein weiteres kommerzielles Produkt ist Xen Enterprise 3.1. Alternativen dazu sind Parallels Workstation oder die Open-Source-Kandidaten Qemu und Bochs, die jedoch unter die Kategorie Emulatoren fallen[19]. Das ist sozusagen die totale Virtualisierung, denn es wird ein kompletter Rechner inklusive Prozessor nachgebildet[20]. Jedoch fehlen hier Bedienoberflächen für umfangreiche Testumgebungen und Verwaltungswerkzeuge. Virtuozzo, OpenVZ und Suns Solaris Container sind ebenfalls Kandidaten die sich nur bedingt für Testumgebungen eignen, da sie immer nur mehrere Instanzen ein und desselben

---

[15] siehe Abbildung 1.
[16] siehe Abbildung 2.
[17] Vgl. Ahnert, S.: Virtuelle Maschinen mit VMware und Microsoft, München 2007, S. 36f.
[18] Vgl. Zimmer, D.: VMware und Microsoft Virtual Server, Bonn 2005, S. 34.
[19] Vgl. Ahnert, S.: S. 38.
[20] Vgl. Spath, D. (Hrsg.) et. al.: IT Virtualisierung und Grid-Computing, Präsentation in: Tagungsband, Stuttgart 2006, S. 120.

Betriebssystems darstellen. VMware und Microsoft bieten Windows-Versionen an, unter Linux sind aber nur die VMware-Produkte praktikabel.[21]

2.4 Womit virtualisiert die <<Energiedienleister AG>>

Die <<Energiedienstleister AG>> nutzt das wohl derzeit fortschrittlichste Servervirtualisierungsprodukt am Markt. Die Rede ist vom VMware ESX Server. Trotz einschlägig hoher Lizenzkosten liegen die Vorteile eindeutig auf der Hand. VMware ESX bringt sein eigenes Wirtsbetriebssystem mit und kann somit die zur Verfügung gestellte Leistung im Vergleich zum VMware GSX Server um einiges erhöhen. Während der GSX Server 70-90 Prozent der Wirtsleistung an die VM weitergibt, sind es beim ESX Server 83-98 Prozent. Das Manko dieses Mehr an Geschwindigkeit ist, dass deutlich weniger Geräte auf dem Wirtsbetriebssystem unterstützt werden. Verwendet man aber VMware ESX zertifizierte Hardware, steht man auf der sicheren Seite. Ein weiterer Pluspunkt des ESX Servers ist das Beschränken der Ressourcen der VMs, wenn nötig. Außerdem können den VMs unterschiedliche Prioritäten zugewiesen werden. Die komplette Konfiguration des ESX Servers und der virtuellen Maschinen kann über das Management User Interface, die Webschnittstelle, erfolgen. Als nützlich erweist sich auch das Virtual Center, mit dem Templates zentral verwaltet werden können, zur Realisierung mehrerer neuer Server in kürzester Zeit[22]. Durch die Integration in das Virtual Center sind weitere Funktionalitäten möglich, wie VMotion[23], die Fernsteuerung kann mittels VMware Remote Console geschehen.[24] Dies kommt hier nur der Vollständigkeit halber zur Erwähnung. Die Erläuterung weiterer umfassender Funktionalitäten des VMware ESX Servers, ebenso wie eine tiefgründigere, technischere Erklärung findet in dieser Arbeit nicht statt.

3. Total Cost of Ownership (TCO)

3.1 Entwicklungstendenzen

Investitionen in der Informationstechnologie stehen in Konkurrenz und vergleichsweise in zunehmend ökonomisch schwierigen Zeiten zu anderen Investitionen eines Unternehmens. Traditionelle Bewertungsmethoden der Betriebswirtschaft auf die IT zu übertragen hat sich als unzureichend erwiesen,

---

[21] Vgl. Ahnert, S.: Seinsfragen – virtuelle Maschinen für Test, Demo und Schulung, Artikel in: Magazin für Professionelle Informationstechnik, 2/2007, S. 44-47.
[22] Vgl. Zimmer, D.: VMware und Microsoft Virtual Server, Bonn 2005, S. 45.
[23] VMotion meint das Verschieben laufender virtueller Maschinen zwischen ESX-Systemen.
[24] Vgl. Zimmer, D.: S. 74.

ebenso stellt die nicht hinreichende Kostenorientierung auf diesem Sektor ein Problem dar. Für diese Kostenorientierung steht das 1987 ins Leben gerufene Modell der Total Cost of Ownership (TCO) der Gartner Group. Als Pionier auf diesem Gebiet richtete Garnter das Hauptaugenmerk auf die Gesamtkosten der IT-Hardware, als zentrales Untersuchungsobjekt. [25] Die Ermittlung der Gesamtkosten erfolgt bei Gartner über einen 5-Jahreszeitraum, um die hohen Anlageinvestitionen über einen längeren Zeitraum zu verteilen.[26] Sparsamkeit und Kosteneffizienz sind Pflicht für viele CIO´s. Lange Zeit wurde lediglich der Anschaffungspreis als das Kriterium der Kostenbetrachtung angesehen, heute aber weiß man, dass dieser nur einen gewissen Teil ausmacht und es wird versucht die kompletten Kosten zu erfassen[27]. Kosten sind „...der bewertete Verbrauch von Wirtschaftsgütern, der mit der betrieblichen Leistungserstellung und der hierzu erforderlichen Aufrechterhaltung der Betriebsbereitschaft verbunden ist."[28] Um die Kosten kontrollieren zu können bietet sich die Methode der TCO als Controlling-Instrument an. Dabei werden die kompletten Kosten einer IT-Infrastruktur, Beschaffung, Nutzung, Management und Entsorgung, über ihren gesamten Lebenszyklus hinweg ermittelt. Drei TCO-Modelle konnten sich bis heute am Markt etablieren. Neben der bereits erwähnten Gartner Group gibt es ähnliche Ansätze zu TCO von Forrester Research und der Meta Group. Trotzdem weisen diese Modelle im Ergebnis unterschiedliche Beträge aus. Der Grund ist auf die abweichende Betrachtung der Teilkosten zurückzuführen. Gartner und Forrester bedienen sich, als Rechenbasis, den direkten und indirekten Kosten. Direkte Kosten sind eindeutig zuzuweisende Beschaffungskosten für Hardware, Software, Wartungsverträge externer Anbieter oder die Gehälter der Mitarbeiter[29]. Unter indirekten Kosten verstehen sie Produktivitätsverluste der Anwender bei Rechnerausfällen. So werden mittels Umfragen und der Bildung von Durchschnittsgehältern Kosten errechnet, die sich auf Systemausfälle der IT zurückführen lassen. Die Meta Group hingegen beschränkt sich weitestgehend auf direkte Kostenfaktoren, wie zum Beispiel Gehälter, Abschreibungen oder Schulungsaufwendungen für die End-User. Der Kostenvergleich auf Basis zweier TCO-Ansätze ist somit nicht möglich. Über

---

[25] Vgl. Treber, U. et al.: Total Cost of Ownership – Stand und Entwicklungstendenzen, Gießen 2004, S. 1.

[26] Vgl. Bullinger, H.-J. (Hrsg.): Fraunhofer Institut Arbeitswirtschaft und Organisation, IAO-Forum, Stuttgart 1997, S.157.

[27] Vgl. Kopperger, D./Graß G.-M.: Kostenermittlung Pi-mal Daumen, Artikel in: Industrielle Informationstechnik, München, 8/2000, S. 59.

[28] Müller, A./Uecker, P.: Controlling für Wirtschaftsingenieure, Ingenieure und Betriebswirte, Leipzig 2003, S. 34.

[29] siehe Abbildung 3.

detaillierte Angaben zur jeweils angewandten Methodik halten sich die Anbieter bedeckt, da ihre Analysemodelle Produkte sind, die aktuell am Markt vertrieben werden. Fest steht jedoch, dass TCO-Analysen als probate Hilfsmittel für Handlungsempfehlungen gelten. Kritiker dieser Modelle stellen immer wieder die Berücksichtigung eines Mehrwerts, der mithilfe der IT in Unternehmen generiert wird, in Frage. Außerdem wären bereits klassische Controlling-Instrumente, die eine reine Kostenkalkulation beinhalten, ausreichend, um Kosten zu bestimmen.[30]

3.2 Kritische Betrachtung von TCO

Bei einer kritischen Betrachtung der Thematik kommt man nicht umhin, die grundlegenden Motive erster TCO-Modelle positiv hervorzuheben, mit dem Ziel tatsächliche Kostenstrukturen der IT transparent zu machen und das Kostenbewusstsein der Unternehmen zu wecken. Dies kann als Meilenstein auf dem Weg zu einem effizienteren und betriebswirtschaftlicheren Umgang mit IT gewertet werden. Da dieser Ansatz allerdings nicht von der Wissenschaft ausgehend in die Praxis umgesetzt wurde, sondern von Anfang an auf kommerziellen Interessen fußte, ergeben sich im Folgenden Kritikpunkte: Zur TCO-Thematik sucht man vergeblich nach fundierten Schriften. Theoretische Auseinandersetzungen fehlen gänzlich in der Literatur, sie bleiben lediglich den Kunden der IT-Analysten vorbehalten. Weiterhin hat sich bis heute kein Standard für die TCO etablieren können[31]. Die teilweise konträren Aussagen sind nur schwer in Übereinstimmung zu bringen. Da Gartner sich aber um eine Verbesserung dieser Situation bemühte, wurde durch die Entwicklung einer neuen TCO-Methodik von Gartner 1997, in Kooperation mit führenden IT-Anbietern, diese bisweilen als der geltende Standard bezeichnet. Durch IT-Anbieter wie Microsoft oder Compaq genießt die TCO-Analyse nicht den besten Ruf. Sie nutzten die TCO für das Marketing ihrer eigenen Produkte. Somit wurde praxisorientierte Literatur zu den Studien von den IT-Anbietern finanziert[32]. Gartner warnt vor IT-Anbietern, die Unternehmen dazu veranlassen auf Grund einer einzigen Kennzahl, die nicht im komplexen Gesamtzusammenhang steht, Entscheidungen zu treffen, die jeglicher theoretischen Fundierung entbehren. Die TCO-Methodik der Gartner Group hat unumstößliche Stärken zu verzeichnen. Wie zum Beispiel die verwendete

---

[30] Vgl. Unbekannter Verfasser: TCO Monster oder Sparschwein, Artikel in: Computerwoche, 4/2002, S. 32.
[31] Vgl. Jacobs, A: Want to Cut TCO? Sweat the details, Artikel in: Computerworld, 9/1998, S.1.
[32] Vgl. Bullinger, H.-J. et.al.: Praxisorientierte TCO-Untersuchungen, Artikel in: Computerworld, 10/2000, S. 52.

einheitliche Systematik. Die Trennung der direkten und indirekten Kosten wird kontinuierlich auf den neusten Stand gebracht. Die Techniken befinden sich seit mehreren Jahren im Einsatz und ermöglichen durch die einheitliche Erhebung eine Vergleichbarkeit der TCO-Werte zwischen Unternehmen. Eine Kostenmessung und Kostenmanagement sind daher möglich. Somit können die tatsächlichen Gesamtkosten, bezogen auf eine historische Reporting-Periode (Actual TCO), ermittelt werden[33]. Das Modell ist vielseitig einsetzbar, mit dem Ziel die Effizienz der IT-Infrastruktur zu steuern und zu kontrollieren[34]. Als Schwachpunkt des Systems können die Subkategorien End-User-Operations und Downtime (Ausfallzeit) der indirekten Kosten gesehen werden. Sie stellen Probleme in der Erhebung dar und sind so eine potentielle Quelle für Ungenauigkeiten[35]. Außerdem lässt das System keine Nutzenbetrachtung zu und ist deshalb nur eine halbseitige Analyse. Eine reine Fokussierung auf die Kosten bringt keine Aussage. Es kann nur eine Wirtschaftlichkeitsbetrachtung vorgenommen werden, wenn den Kosten auf der einen Seite der Nutzen auf der anderen Seite gegenübersteht.[36] Die Wirtschaftlichkeit kann dann als eine Erfolgskennzahl aus dem Quotient von Nutzen und Kosten gemessen werden.[37] Zunehmend gibt es Ansätze, in denen klassische TCO-Analysen um ROI-Analysen ergänzt werden.[38] Der ROI trifft Aussage über die erwirtschaftete Kapitalverzinsung, indem der Gewinn pro Einheit des investierten Kapitals dargestellt wird.[39] Darüber hinaus ist Gartner der Meinung, dass die Hinzunahme von ROI-Modellen nicht ausreichend ist und entwickelte eine Total-Value-of-Opportunity(TVO)-Methodik um über die Kosten hinausgehend eine Bewertung der IT vornehmen zu können.[40]

3.3 Aufbau eines TCO- Modells

TCO-Modelle können über verschieden Module verfügen. In aller Regel gibt es aber Ähnlichkeiten. Immer vorhanden ist ein Modul, das die so genannten Hard-Factors[41], bestehend aus Material- und Prozesskosten, erfasst. Ebenfalls kann die TCO das Erfassen der Soft-Factors beinhalten, das können Anpassungsaufwand,

[33] Vgl. Treber, U. et al.: Total Cost of Ownership – Stand und Entwicklungstendenzen, Gießen 2004, S. 24.
[34] Vgl. Riepl, L: TCO versus ROI, Artikel in: Information Management, 2/1998, S. 7ff.
[35] Vgl. Bullinger, H.-J. et.al.: Praxisorientierte TCO-Untersuchungen, Artikel in: Computerworld, 10/2000, S.14.
[36] Vgl. Maurer, O.: Total Cost of Ownership, Diss., München 2002, S. 31.
[37] Vgl. Ullerich, T.: TCO-Modell für SAP-Systeme, 2004, S. 14.
[38] Vgl. Treber, U. et al.: Total Cost of Ownership – Stand und Entwicklungstendenzen, Gießen 2004, S. 39-47.
[39] Vgl. Ullerich, T.: S. 14.
[40] Vgl. Treber, U. et al.: S. 85f.
[41] Vgl. The Hard Factors of Change Management.

10

Motivation der Mitarbeiter oder Nachvollziehbarkeit einer Entscheidungsbasis sein. Wahlweise kommen auch Module zur Dokumentation des Vorgehensmodells, Methoden und Werkzeugen oder Erfahrungsdatenbanken mit Vergleichsinformationen zum Einsatz. In den meisten Fällen gehört auch Kostenmodell dazu. Es basiert auf einer detaillierten Kostengliederung, die zur Sammlung und Konsolidierung aller kostenrelevanten Informationen des Betrachtungsobjekts dienen kann. Damit wird versucht IT-Management, IT-Betrieb, Wartung, Reparatur, Support, Beschaffungs- und Entsorgungskosten, sowie Software-Ausstattung und Netzwerkinfrastruktur zu beziffern.[42]

3.4 Anpassung des Modells an die Problematik

Neben einer klassischen Vollkostenanalyse, die direkte und indirekte Kostenfaktoren erfasst, wird zunehmend der Versuch unternommen, das Umfeld und den Markt zu analysieren, um dies mit in die TCO-Betrachtung einfließen zu lassen.[43] Diese Arbeit befasst sich mit der reinen Kostenanalyse der Serverlandschaft der <<Energiedienstleister AG>>. Es wird die Annahme getroffen, dass alle Anschaffungen für die virtuellen und die physischen Server in einem Jahr getätigt werden, um Vergleichbarkeit gewährleisten zu können. Außerdem wird hier nicht der gesamte Lebenszyklus zur Analyse herangezogen, sondern nur der Verlauf eines Jahres und die anfallenden Kosten in diesem Zeitraum. Die <<Energiedienstleister AG>> hat zur Zeit 60 virtuelle Server im Gebrauch, so dass sich der Vergleich auf 60 physische Maschinen beschränkt, da die Kosten nur bei nahezu gleichem Output miteinander vergleichbar sind. Es wird von einer Nutzungsdauer von fünf Jahren ausgegangen, da Lebenszyklusbetrachtungen in der Regel den gleichen Zeitraum vorsehen. Da die Kosten auf jährlicher Basis berechnet werden, werden jene verwendet, die im Jahr als Aufwand verbucht werden, dazu zählen ebenfalls die jährlichen Abschreibungen. In dem angewandten Modell wird von einer linearen Abschreibung über fünf Jahre ausgegangen.[44] Als Basis wurde ein Open-Source-TCO-Tool[45] herangezogen. Die Berechnung der direkten Kosten der TCO-Analyse dieser Arbeit ist an die des TCO-Tools angelehnt. Allerdings werden die indirekten Kosten bei der Berechnung der TCO mit dem

---

[42] Vgl. Kopperger, D./Graß G.-M.: Kostenermittlung Pi-mal Daumen, Artikel in: Industrielle Informationstechnik, München, 8/2000, S. 60-61.
[43] Vgl. Müller, A./Uecker, P.: Controlling für Wirtschaftsingenieure, Ingenieure und Betriebswirte, Leipzig 2003, S. 164.
[44] Vgl. Maurer, O.: Total Cost of Ownership, Diss., München 2002, S. 10.
[45] Vgl. TCO-Tool.

besagten Tool außen vor gelassen. Im Ergebnis weisen die Kalkulationen dieser Arbeit und die des TCO-Tools die gleichen Summen für die direkten Kosten aus. Im Folgenden wird auf Eckpunkte und Besonderheiten der Kalkulation eingegangen. Diese Arbeit trifft die praxisferne Annahme, dass Switches immer bis auf den letzten Port belegt werden, nur so können die Kosten genau auf die Server umgelegt werden. Die gleiche Vorgehensweise fand bei der Umlegung der Kosten von Standard-Racks[46] statt. Hier wurde ebenfalls die Annahme getroffen, dass die Einschübe der Racks komplett belegt werden. Wenn zu bestimmten Kosten hier keine weitere Ausführung erfolgt, ist davon auszugehen, dass diese dem Buchungssystem der <<Energiedienstleister AG>> entnommene Daten sind.

Da indirekte Kosten evidente Kostentreiber sind, wurden diese im TCO-Modell dieser Arbeit berücksichtigt. Jedoch wird das Modell an dieser Stelle abgewandelt und versucht nicht die schwer zu beziffernden Kostenfaktoren wie Ausfallzeit und End-User-Operations[47] klassischer TCO-Modelle zu berücksichtigen, sondern ermittelt stattdessen bedeutende Kostentreiber für eine Serverfarm. Gerade in Bezug auf Serverlandschaften ergeben sich für Strom und Klimatisierung Kosten, die nicht unterschätzt werden dürfen. Zur Berechnung dieser Kosten, wurde die Leistung der verwendeten Geräte den Produktdaten entnommen.[48] Desweiteren wurde für die Kalkulation des Stromverbrauchs der Server und dem der Klimaanlagen (anteilig auf die Server umgelegt), der Strompreis des Terminmarkts an der Leipziger Strombörse zugrunde gelegt.[49] Für das Errechnen der kalkulatorischen Miete wurde der durchschnittliche Mietpreis für Ostdeutschland zur Rechengrundlage.[50] Die Werte für die kalkulatorischen Zinsen stammen aus dem Durchschnittszinssatz einer Staatsanleihe (risikoarm) auf 5 Jahre[51] und einem allgemeinen Unternehmerrisiko[52]. Außerdem ist anzumerken, dass es sinnvoll gewesen wäre ein kalkulatorisches Wagnis, im Konkreten ein Anlagewagnis[53], in die Rechnung einfließen zu lassen. Aber für das Ansetzen eines Anlagewagnis´ sind Erfahrungswerte der Wagnisverluste[54] für Schadensfälle, der letzten 5 Jahre von Nöten, die von der <<Energiedienstleister AG>> so nicht erfasst wurden. In

---

[46] Vgl. RS/6000.
[47] Vgl. Wendler, T.: Modellierung und Bewertung von IT-Kosten, Diss., Wiesbaden 2004, S. 27.
[48] Vgl. Produktdaten.
[49] Vgl. Strompreise für Industriekunden klettern wieder.
[50] Vgl. Moderate Steigerung: Mieten um 1,0 Prozent teurer.
[51] Vgl. Kapitalmarktprognose.
[52] Vgl. Unternehmerrisiko.
[53] Vgl. IT-Infothek.
[54] Vgl. Wagnisse.

Abbildung 4 befindet sich eine Übersicht zu allen angewandten Berechnungsvorschriften und dazugehörige Erläuterungen.

3.5 Auswertung des Vergleichs von physischen und virtuellen Servern

Summiert man jeweils die errechneten direkten und indirekten Kosten der TCO für die virtuellen Maschinen, als auch die physischen Maschinen auf, ergeben sich 289.667,49€ Gesamtkosten für ein Jahr für die virtuellen Maschinen[55], unter den oben genannten Annahmen, und 965.513,56€ für die betrachteten physischen Maschinen[56]. Die in der Literatur getroffenen Aussagen zu den Einsparungspotentialen bei einer Virtualisierung finden sich somit in der Analyse dieser Arbeit wieder.

Dividiert man nun die Gesamtkosten durch die Anzahl der Server (60), bekommt man im Ergebnis die Stückkosten eines Servers. Diese betragen ca. 4.800€ für eine virtualisierte und ca. 16.100€ für eine physische Maschine. Die genaue Kostendifferenz beträgt 11.264,10€. Das heißt: Für jeden physischen Server, der nicht angeschafft werden muss und dafür eine virtuelle Maschine genutzt werden kann, ist die Kostendifferenz gleichzeitig die Kosteneinsparung. Bei 10 physischen Maschinen ergibt sich bereits eine Kosteneinsparung von ca. 112.500€.[57]

4. Nutzwertanalyse

4.1 Beweggrund einer Nutzwertanalyse

Von Computern ist immerzu die Rede, nur in den Produktivitäts-Statistiken sind sie nie zu finden. Gemeint ist das Produktivitätsparadoxon der IT, das die These beschreibt, durch den Einsatz von computergestützten Informationssystemen keine Wettbewerbsvorteile zu erzielen. Dennoch werden jährlich mehrere Milliarden Dollar in diese Systeme investiert. Die Erfassung und Bewertung des Nutzens stellt eine große Herausforderung dar.[58] „Der Nutzen...tritt hauptsächlich indirekt in Erscheinung."[59] Rund ein Drittel der Kunden der Gartner Group haben TCO als alleiniges Mittel zur Entscheidungsfindung genutzt. Jedoch berücksichtigen diese Handlungsempfehlungen keinen qualifizierten Nutzen der IT-Investitionen. „TCO: Have we created a monster?"[60] Gartner selbst kritisiert die Betrachtung der reinen

---

[55] siehe Abbildung 5.
[56] siehe Abbildung 6.
[57] siehe Abbildung 7.
[58] Vgl. Dietrich, G.: Integrierte Nutzenanalyse zur Gestaltung computergestützter Informationssysteme, Diss., Frankfurt/Main, 2006, S.1.
[59] Dietrich, G.: S.37.
[60] Gartner: TCO Monster oder Sparschwein, Artikel in: Computerwoche, 4/2002, S. 33.

Kostenkriterien. Er ist der Meinung, dass die Notwendigkeit der eingesetzten Technologie in einem Unternehmen, um wettbewerbsfähig zu sein, höher angesiedelt sein sollte, als die dadurch entstehenden Kosten.[61] Je nach Bewertungsgegenstand gibt es unterschiedliche Bewertungskriterien mit unterschiedlichen Ausprägungen, die ermittelt werden müssen. Die zusammenfassende Bewertung von quantitativen und qualitativen Kriterien kann Schwierigkeiten bereiten. Die Verfahren der Investitions- und Wirtschaftlichkeitsrechnung zählen zu den in der Praxis verwendeten quantitativen Bewertungsverfahren. Nutzenuntersuchungen wie die Nutzwertanalyse oder Balanced Scorecard machen es möglich qualitative Nutzenelemente ebenfalls zu bewerten. Sie dienen innerhalb des Entscheidungsfindungsprozesses der systematischen Entscheidungsvorbereitung bei der Auswahl komplexer Handlungsalternativen. Mit einer Nutzwertanalyse wird versucht Entscheidungsübersichten transparent darzustellen, subjektive Kriterien festzuhalten, die Konsequenzen einzelner Lösungen aufzuzeigen und letztlich das Risiko einer Fehlentscheidung zu mindern, indem das Ausmaß der Zielerreichung in Zahlen ausgedrückt wird.[62]

4.2 Aufbau einer Nutzwertanalyse

In erster Linie müssen die Bewertungskriterien herausgesucht werden, bei denen sich möglicherweise der Nutzen nach oben oder unten korrigieren könnte, wenn virtualisiert wird oder nicht. Gerade für Administratoren eröffnen sich, bei der Nutzung von Virtualisierungstechniken, neue Möglichkeiten. Nun ist eine Fernsteuerung über die Konsole von der virtuellen Maschine möglich. Das komplette Management ist integriert und eine Hardware-Änderung kann von jedem Ort aus realisiert werden. Komplette Testumgebungen können binnen kürzester Zeit bereitgestellt werden, da angefangen mit der virtuellen Festplatte bis hin zum virtuellen Netzwerk alles in einer Hand liegt. Dauerten fehlerfreie konventionelle Installationen von Service Packs bisher mindestens 30-40 Minuten, sind diese nun mit dem VMware ESX Server in der Hälfte der Zeit zu bewerkstelligen. Erwähnenswert sind auch die Möglichkeit verschiedene Betriebssysteme oder Softwarestände gleichzeitig vorzuhalten, die gute Netzwerkfunktionalität, das Klonen von Festplattendateien, um schnell neue identische Server zu erstellen, die unkomplizierte Nutzung von Legacy-Systemen und auch das Einsparen des

---

[61] Vgl. Unbekannter Verfasser: TCO Monster oder Sparschwein, Artikel in: Computerwoche, 4/2002, S. 33.
[62] Vgl. Hoffmeister, W.: Investitionsrechnung und Nutzwertanalyse, Köln 2000, S. 276ff.

Einsatzes von Disaster-Recovery-Programmen, da bei VMs einfach ein neuer Server anhand eines Templates erstellt werden kann und die aktuelle Sicherung über einen Backup-Klienten aufgespielt wird.[63] Hier sind nur einige direkte Nutzenpotentiale aufgeführt, wobei es natürlich auch Nachteile gibt. Zum einen sind mögliche Hardwareanschlüsse zu bemängeln. Zum anderen müssen bei der Sicherheit Kompromisse eingegangen werden, denn es empfiehlt sich nicht Backup-Systeme oder Hauptfirewallkomponenten unter einem Virtualisierungsprodukt zu betreiben. Dies liegt daran, dass die Leistungsfähigkeit der Hauptspeicher bei Virtualisierern noch nicht ausreichend ist. VMware ESX Server bietet zwar die Möglichkeit der Dualprozessorunterstützung, aber das ist mit unter noch nicht genug.[64]

Je nach Problemstellung sollte ein passendes Verfahren zur Ermittlung des Nutzens gewählt werden. Weit verbreitete Verfahren sind die analytische Bewertung, die eine Gesamtbewertungszahl aus mehreren Bewertungszahlen ermittelt, von denen jede ein Ausmaß zur Zielerreichung beziffert, die summarische Bewertung mit der Ordinalskala und die Kardinalskalierung. Es gibt außerdem Intervallskalen und Verhältnisskalen[65]. Diese Arbeit bedient sich einer analytischen Bewertung mit Kardinalskala, wobei ein Zielerreichungsgrad (Zielwert) pro Kriterium ermittelt wird und diese zu einem Gesamtwert (Nutzwert) gefasst werden. Hierbei wird eine Punkteskala verwendet (zum Beispiel: 1 = schlechteste Zielerreichung und 3 = beste Zielerreichung) und den Kriterien Gewichtungsfaktoren zugeordnet, deren Summe 1 (100 %) ergibt. Durch die Multiplikation der Einzelwerte mit den Gewichtungsfaktoren entstehen Teilnutzwerte. Die Summe aller Teilnutzwerte eines Bewertungsobjektes ergibt bei Verrechnung seinen Gesamtnutzwert, dieser ermöglicht eine Vergleichbarkeit mit anderen Alternativen.[66] Schlussendlich kann so die Rangfolge vergeben werden. Den besten Rang weist die Alternative auf, die die beste Anpassung an die Auswahlkriterien zeigt. In der Praxis kann auch die zweitbeste Alternative die bessere Entscheidung darstellen, wenn sie weniger Nachteile mit sich bringt. Die Repräsentativität eines solchen Modells kann durch eine realitätsferne Gewichtung in Frage gestellt werden. Deswegen sollte diese von mehreren Entscheidungsträgern vorgenommen werden. Außerdem ist die Bewertung der Alternativen meist recht grob. Dem stehen aber evidente Vorteile gegenüber. Denn die Nutzwertanalyse ermöglicht das Verfolgen mehrerer

---

[63] Vgl. Zimmer, D.: VMware und Microsoft Virtual Server, Bonn 2005, S. 42ff.
[64] Vgl. Ebenda: S. 40.
[65] Vgl. Nagel, K.: Nutzen der Informationsverarbeitung, München 1988, S. 91.
[66] Vgl. Hoffmeister, W.: Investitionsrechnung und Nutzwertanalyse, Köln 2000, S. 277-278.

Zielsetzungen, eine Differenzierung der einzelnen Kriterien, Entscheidungstransparenz, Objektivität, Nachvollziehbarkeit und Flexibilität in der Anwendung durch zahlreiche Bewertungsregeln.[67]

4.3 Implementierung

Die in dieser Arbeit angewandte Nutzwertanalyse stellt eine Methode zur Wirtschaftlichkeitsbetrachtung unter dem Aspekt der funktionalen Nützlichkeit dar. Der Fokus wird allerdings nicht auf monetäre Gesichtspunkte gelegt.[68] Bei der praktischen Umsetzung der Nutzwertanalyse bei der <<Energiedienstleister AG>> wurde zunächst festgestellt, dass keine in Geld messbaren Kriterien zur Betrachtung herangezogen werden konnten. So ergab sich eine Abhandlung der Schrittfolge für die Nutzwertanalyse. Die Vorhabenalternativen wurden bereits zu Beginn der Arbeit definiert: Vergleich von physischen und virtuellen Servern. Nach Absprache mit den Administratoren, Herr Müller und Herr Zemla, standen folgende Bewertungskriterien für eine qualitative Projektbewertung zur Disposition: Es wurde sich auf die Kriterien Ausfallzeit (wichtig in Abhängigkeit vom jeweiligen Dienst), Flexibilität der Lösung, Backup, Verwaltung und Hardwareanschlüsse geeinigt. Desweiteren kam das Kriterium Storage zur Sprache. Wobei sich hier die Frage der Bewertung als komplizierter herausstellte, da die Virtualisierungslösung auf ein SAN angewiesen ist und die rein physischen Server nicht zwingend das SAN benötigen. Ein anderes Kriterium ist die Bestell-/Lieferzeit, womit die Zeit gemeint ist, die benötigt wird um einen Server bereitzustellen. Bei der Virtualisierungslösung könnte dies auch als Zeit für das Einrichten einer virtuellen Maschine betitelt werden. Die Upgradefähigkeit wurde ebenfalls diskutiert. Gemeint ist dabei das Umstecken von Speicher (RAM, Prozessoren). Bei einer virtuellen Maschine stellt sich das Erweitern des RAMs als kinderleicht dar, aber nicht das der Prozessoren. Auch die Kompatibilität ist hier von Bedeutung. Jedoch wurde die Kompatibilität mit dem Nutzenelement Support erfasst. Wobei Hardwareunterstützung von Betriebssystemen oder mögliche Clusterbildung Subkategorien des Oberbegriffs Support sind, die sich auf die Benotung der Alternativen auswirken. Die einzelnen Nutzenelemente wurden im nächsten Schritt gewichtet. Im Anschluss wurde für jedes Nutzenelement ein Zielerreichungsgrad vergeben. Die Note 3 ist die zu vergebende Höchstpunktzahl. Somit ließen sich die Teilnutzwerte ermitteln und mit diesen konnte man die Gesamtnutzwerte der Alternativen errechnen. Der

---

[67]   Vgl. Nagel, K.: Nutzen der Informationsverarbeitung, München 1988, S. 92-97.
[68]   Vgl. Burghardt, M.: Projektmanagement, Berlin und München 1988, S. 71.

Gesamtnutzwert für die virtuellen Server beträgt 2,3 und der der physischen Server in Summe 1,56. Hieraus lässt sich eine Rangfolge ableiten, wobei der höhere Wert der, mit dem besseren Nutzen ist. Man kann demnach Rang 1 für die virtuellen Server und Rang 2 für die physischen Server vergeben.[69]

5. Fazit

Abschließend muss festgehalten werden, dass im Rahmen einer Umstellung auf virtuelle Server vorab eine Kostenanalyse des eigenes IT-Systems sowie der in Frage kommenden virtuellen Serverlösungen unabdingbar ist. In der Praxis bedient man sich dazu unterschiedlicher Untersuchungsweisen. Um rasch zu einem Ergebnis zu gelangen werden häufig nur Hard-Factors[70] (direkt und indirekt messbare Kosten) in die Betrachtung einbezogen. Empfehlenswert ist jedoch auch den Kostenblock der Soft-Factors[71] (zum Beispiel: Motivation, Kommunikation) in der Berechnung zu erfassen. Diese lassen sich oftmals schwer quantifizieren, machen aber bis zu 40 % der Gesamtkosten aus und bestimmen so ein echt repräsentatives Ergebnis.

Interessant ist außerdem das IT-System betriebswirtschaftlich von der anderen Seite aus zu analysieren, in Form einer detaillierten Nutzenbetrachtung.[72]

Findet man schließlich die passende Virtualisierungslösung für sein Unternehmen, lassen sich Kosteneinsparungen in bedeutendem Maße realisieren. An dieses Hauptargument schließt sich eine Reihe weiterer qualitativer Vorteile für die Mitarbeiter des Unternehmens an: Von virtuellen Maschinen profitieren Techniker oder Consultants, die komplexe Testumgebungen benötigen, der Support, da ständig andere Rechner mit unterschiedlichen Betriebsystemen und Konfigurationen benötigt werden, der Administrator, der nun auf Pilotumgebungen Service-Packs, Patches oder Migrationen testen kann und die Programmierer, deren Arbeit lauffähige Entwicklungsumgebungen aus Web- oder Datenbankserver bedingt.[73]

Was sich zukünftig mit einer Virtualsierungslösung noch erreichen lässt bleibt spannend, denn: „IT people will always be developing new platforms, packages, and tools, and companies will always be seeking new business opportunities. Together, they will ensure that the perfect IT solution remains an ever-moving target."[74]

---

[69] Vgl. Burghardt, M.: Projektmanagement, Berlin und München 1988, S. 71-73. siehe Abbildung 8.
[70] Vgl. The Hard Factors of Change Management.
[71] Vgl. Ebenda.
[72] Vgl. Kopperger, D./Graß G.-M.: Kostenermittlung Pi-mal Daumen, Artikel in: Industrielle Informationstechnik, München, 8/2000, S. 61.
[73] Vgl. Ahnert, S.: Virtuelle Maschinen mit VMware und Microsoft, München 2007, S. 23f.
[74] Vinckier, Johann: Sticking together – how best to connect IT systems, 1996.

Literaturverzeichnis

Ahnert, Sven: Virtuelle Maschinen mit VMware und Microsoft, München 2007

Bullinger, Hans-Jörg (Hrsg.): Fraunhofer Institut Arbeitswirtschaft und Organisation, IAO-Forum, Stuttgart 1997

Burghardt, Manfred: Projektmanagement, Berlin und München 1988

Dietrich, Georg: Integrierte Nutzenanalyse zur Gestaltung computergestützter Informationssysteme, Diss., Frankfurt/Main, 2006

Hoffmeister, Wolfgang: Investitionsrechnung und Nutzwertanalyse, Köln 2000

Maurer, Oliver: Total Cost of Ownership – Einen Annäherung aus Lebenszyklussichtweise am Beispiel des Departments Betriebswirtschaft, Diss. ,München 2002

Müller, Armin/Uecker, Peter.: Controlling für Wirtschaftsingenieure, Ingenieure und Betriebswirte, Leipzig 2003

Nagel, Kurt: Nutzen der Informationsverarbeitung, München 1988

Rechenberg, Peter/Pomberger, Gustav: Informatik Handbuch, 4. Aufl., München 2006

Schneider, Uwe/Werner, Dieter: Taschenbuch der Informatik, 5. neu bearbeitete Aufl., München 2004

Spath, Dieter et. al. (Hrsg.): IT Virtualisierung und Grid-Computing, Präsentation in: Tagungsband, Stuttgart 2006

Thorns, Fabian: Das Virtualisierungs-Buch, 1. Aufl., Böblingen 2007

Treber, Udo et al.: Total Cost of Ownership – Stand und Entwicklungstendenzen, Gießen 2004

Ullerich, Tatjana: TCO-Modell für SAP-Systeme am Beispiel mySAP CRM mit SAP Enterprise Portal, 2004

Wendler, Tilo: Modellierung und Bewertung von IT-Kosten, Diss., Wiesbaden 2004

Zimmer, Dennis: VMware und Microsoft Virtual Server, Bonn 2005

Zeitschriftenartikel

Ahnert, Sven: Seinsfragen – virtuelle Maschinen für Test, Demo und Schulung, Artikel in: Magazin für Professionelle Informationstechnik, 2/2007

Bullinger, Hans-Jörg et.al.: Praxisorientierte TCO-Untersuchungen: Ein Vorgehensmodell, Artikel in: Computerworld, 10/2000

Jacobs, April: Want to Cut TCO? Sweat the details, Artikel in: Computerworld, 9/1998

Kopperger, Dietmar/Graß Georg-Markus: Kostenermittlung Pi-mal Daumen, Artikel in: Industrielle Informationstechnik, München, 8/2000

Riepl, udwig: TCO versus ROI, Artikel in: Information Management, 2/1998

Unbekannter Verfasser: VMWare verschenkt den GSX Server, Artikel in: CT – Magazin für Computertechnik, 2/2006

Unbekannter Verfasser: TCO: Monster oder Sparschwein?, Artikel in: Computerwoche, 4/2002

Internetquellen

Dynamic Data Center: Befreiungsschlag für Rechenzentren
Abrufbar unter: http://www.tecchannel.de/storage/server/441286/index.html
Letzter Zugriff: 12.03.07, 12:30

Energie Effiziente IT Produkte
Abrufbar unter: http://www-5.ibm.com/de/umwelt/effizienz/produkte.html
Letzter Zugriff: 12.03.07, 12:35

IT-Infothek
Abrufbar unter: http://www.it-infothek.de/fhtw/semester_3/rewe_3_03.html#rewe_03_06
Letzter Zugriff: 13.03.07, 14:27

Kapitalmarktprognose
Abrufbar unter: http://www.deka-immobilien.de/de/download/analyse/Kapitalmarktprognosen_1.pdf
Letzter Zugriff: 11.03.07, 9:15

Moderate Steigerung: Mieten um 1,0 Prozent teurer
Abrufbar unter:
http://www.szon.de/service/maerkte/immonews/200702161018.html?SZONSID=ff81f1c5a
c4777396a5d505b0739d8a0
Letzter Zugriff: 09.03.07, 10:41

Produktdaten
Abrufbar unter : http://www.ciao.de/Hewlett_Packard_DL585__2049489#productdetail
Letzter Zugriff: 12.03.07, 21:52
Abrufbar unter: http://www.ciao.de/Hewlett_Packard_DL380_G4__1845882#productdetail
Letzter Zugriff: 12.03.07, 19:31

RS/6000
Abrufbar unter: http://www.soarkam.de/hauptteil_ibm_rs_6000.html
Letzter Zugriff: 09.03.07, 10:50

Strompreise für Industriekunden klettern wieder
Abrufbar unter:
http://www.handelsblatt.com/news/Unternehmen/Industrie/_pv/grid_id/1198337/_p/200038
/_t/ft/_b/1109311/default.aspx/strompreise-fuer-industriekunden-klettern-wieder.html
Letzter Zugriff: 10.03.07, 12:44

TCO-Tool V1.4.0 (inkl. Beispiel-Konfiguration) Offizieller Release (22.12.2005)
Abrufbar unter: http://www.tcotool.org/
Letzter Zugriff: 12.03.07, 15:18

The Hard Factors of Change Management
Abrufbar unter: http://www.seedsofgrowth.com/other-sources/management?page=2
Letzter Zugriff: 14.03.07, 17:50

Unternehmerrisiko
Abrufbar unter: http://de.wikipedia.org/wiki/Unternehmerrisiko
Letzter Zugriff: 12.03.07, 13:45

Vinckier, Johann: Sticking together – how best to connect IT systems, Questia, Journal
Article, 1996
Abrufbar unter: http://www.questia.com/PM.qst?a=o&se=gglsc&d=5001643850
Letzter Zugriff: 11.03.07, 09:39

Wagnisse
Abrufbar unter: http://www.zum.de/Faecher/kurse/boeing/udb/klr/Kalkulatorische-
Wagnisse.pdf
Letzter Zugriff: 11.03.07, 15:35

Verzeichnis der Abbildungen im Anhang

Anhang

Abb. 1

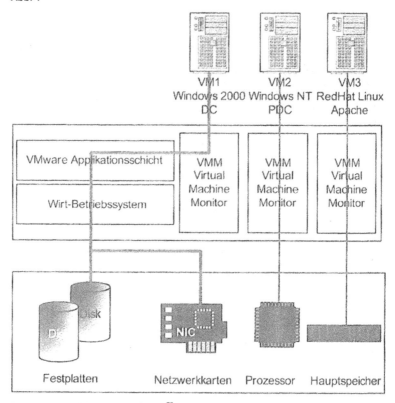

Funktionsübersicht VMware Server[75]

---

[75] Zimmer, Dennis: VMware und Microsoft Virtual Server, Bonn 2005, S. 34.

Abb. 2

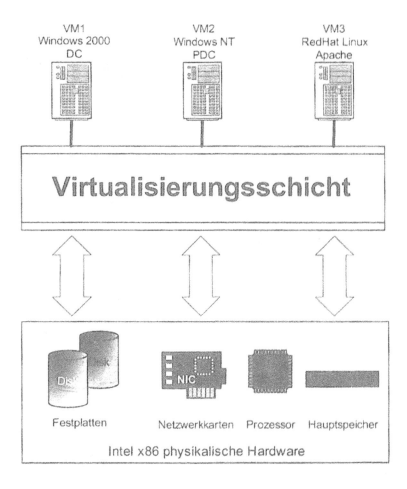

Vorgang der Virtualisierung unter VMware ESX[76]

---

[76] Zimmer, Dennis: VMware und Microsoft Virtual Server, Bonn 2005, S. 35.

Abb. 3

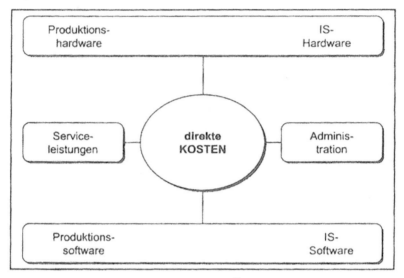

Unterteilung der direkten Kosten lt. Gartner Group [77]

Abb. 4

Element	Erklärung
HP Proliant DL 585	Wartung/Garantie ist in Anschaffungskosten inklusive
	-> siehe Care Pack
Standardserver	Zum Beispiel: DL 380 G3 oder ML 530 G2
	durchschnittl. Anschaffungskosten = 8000€
Switchports	1 Switch (Einschub) hat 30 Ports.
	Annahme: Switches werden ausgelastet.
	Annahme: Pro phys. Server 2 Ports benötigt.
	60 Maschinen -> 120 Ports
	1 Switch = 30000 €
	-> 30000€ / 30 Ports = 1000€ / Port
	+ 400€ pro angeschlossenen Port = 1400 € / Port
Racks	1 Standard-Rack (T00-Rack IBM 7014) kostet ca. 2500€
	je nach Servergröße finden 8-32 phys. Server platz.
	1 DL 585 benötigt 0,125 Racks
	3 DL 585 benötigen 0,375 Racks
	2500€ * 0,375 = 937,50 €
	1 Standardserver benötigt durchschnittl. 0,125 Racks
	60 Standardserver benötigen mind 7,5 Racks
	2500€ * 7,5 = 18750 €
SAN	Speicherplatz im SAN pro Maschine 20 GB
	* 3 Maschinen = 60 GB
	1 TB kostet 40000 €
	1 TB = 1000 GB
	40000€ / 1000 GB = 40 € / GB
	*20 GB (für 1 Maschine) = 800 € / Maschine
	SAN ist für die phys. Maschinen nicht zwingend notwendig
	und wird deswegen nicht angesetzt.
Infrastruktur	Hier sind anfallende Kosten en gros überschlagen.
	Annahme
	je phys. Standardserver fallen ca. 500 € an
	je phys. Server (DL 585) fallen ca. 1500 € an (auf Grunde des SAN etc)
	Diese Kosten beinhalten
	LWL-Patchkabel, Pigtails, Kupplungen, Ports, Netzwerkkarten etc.
ESX Server	Lizenzen nach Sockel: 4 (pro Maschine) x 3 Maschinen =12 Lizenzen
lineare AfA	Annahme ND: 5 Jahre
	AW/ND
	abgeschrieben werden Hardware und Lizenzen
kalk. Strom HP Proliant DL 585	870 Watt * 3600 sec = 3.132.000 Joule
	-> entspricht 0,87 kWh
	Annahme: => 0,058€ / kWh
	365 d/a * 24 h/d * 60 min/h * 60 sec/min = 31.536.000 sec/a
	870 Watt * 31.536.000 sec = 27.436.320.000 Joule
	/3.600.000 Joule = 7621,2 kWh
	* 0,058 €/kWh = 442,03 €

kalk. Strom Standardserver	DL 380 G3 --> 575 Watt ML 530 G2--> 600 Watt Mittelwert: (575+600) / 2 = 587,5 587,5 Watt * 3600 sec = 2.115.000 Joule --> entspricht 0,5875 kWh Annahme: => 0,058€ / kWh 365 d/a * 24 h/d * 60 min/h * 60 sec/min = 31.536.000 sec/a 587,5 Watt * 31.536.000 sec = 18.527.400.000 Joule /3.600.000 Joule = 5146,5 kWh * 0,058 €/kWh = 298,50 €
kalk. Strom Klimaanlage	Je nach Betriebsart 11 - 100 kW --> Mittelwert = 55,5 kW In den 2 Serverräumen stehen jeweils 3 Klimaanlagen, wobei meist nur 1 oder 2 laufen. --> Mittelwert = 3 Verbrauch 1 Klimaanlage 55500 Watt * 31.536.000 sec = 1.750.248.000.000 Joule /3.600.000 (=1 kW) = 486180 kWh Verbrauch 3 Klimananlagen: 486180 kWh * 3 = 1.458.540 * 0,058€ = 84595,32€ Auf die gesamte Serverfläche verteilt stehen ca. 100 Server. --> 3 Klimaanlage / 100 Server = 0.03 Klimaanlagen / Server Es gibt 3 phys. Server zur Virtualisierung. --> 0.03 * 3 = 0.09 Es gibt 60 phys. Server in der Betrachtung. --> 0.03 * 60 = 1,8
kalk. Miete	2 Serverräume mit jeweils 150 m^2 300 m^2 * 5,30€ (durchschnittl. Mietpreis Ostdeutschland) = 1590 € / Monat *12 = 19080 € / a 19080 € / 100 Server = 190,80 € / Server
kalk. Zins	z = (AK + RW) /2 * i durchschnittl. gebundenes betriebsnotwendiges Kapital * i 5 % entspricht Staatsanleihe auf 5 Jahre und 5 % Unternehmerrisiko = Annahme 10 %

Berechnungen, Annahmen, Formeln und Erläuterungen[78]

---

[78] selbsterstellte Übersicht

Abb. 5

Kosten für virtuelle Server				
Kostentreiber	*Sachkosten*	*Anzahl*	*Personalkosten*	*Summe*
Hardware				
HP Proliant DL 585	24.750,00 €	3,00		74.250,00 €
Switchports	1.400,00 €	9,00		12.600,00 €
Racks	2.500,00 €	0,375		937,50 €
SAN	800,00 €	3,00		2.400,00 €
Infrastruktur	1.500,00 €	3,00		4.500,00 €
				- €
Lizenzen				- €
ESX Server	7.560,10 €	12,00		90.721,20 €
Wartung 1 Jahr		12,00	1.898,10 €	22.777,20 €
ESX Ranger	450,00 €	12,00		5.400,00 €
				- €
Support Migration ESX2 zu ESX3 (7 Tage)		1,00	6.985,00 €	6.985,00 €
				- €
Telefonischer Support (Sys-Dat)		0,00	2.300,00 €	- €
				- €
Schulung / Workshop (5 Tage) (Sys-Dat)		1,00	4.250,00 €	4.250,00 €
				- €
lineare AfA	38.161,74 €	1,00		38.161,74 €
			Zwischensumme:	262.982,64 €
	indirekte Kosten			
kalk. Strom HP Proliant DL 585	442,03 €	3,00		1.326,09 €
				- €
kalk. Strom Klimaanlage	84.595,32 €	0,09		7.613,58 €
				- €
kalk. Miete	190,80 €	3,00		572,40 €
				- €
kalk. Zins	17.172,78 €	1,00		17.172,78 €
			Zwischensumme:	26.684,85 €
			Summe:	289.667,49 €

TCO für 60 virtuelle Server[79]

---

[79] selbsterstellte TCO

Abb. 6

Kosten für physische Server				
Kostentreiber	*Sachkosten*	*Anzahl*	*Personalkosten*	*Summe*
Hardware				
Standardserver	6.000,00 €	60,00		360.000,00 €
Switchports	1.400,00 €	120,00		168.000,00 €
Racks	2.500,00 €	7,50		18.750,00 €
SAN	800,00 €	0,00		- €
Infrastruktur	500,00 €	60,00		30.000,00 €
				- €
Lizenzen				- €
Windows 2003 Standard Server R2	515,20 €	60,00		30.912,00 €
				- €
				- €
				- €
				- €
				- €
				- €
				- €
				- €
				- €
lineare AfA	121.532,40 €	1,00		121.532,40 €
			Zwischensumme:	729.194,40 €
	indirekte Kosten			
kalk. Strom Standardserver	298,50 €	60,00		17.910,00 €
				- €
kalk. Strom Klimaanlage	84.595,32 €	1,80		152.271,58 €
				- €
kalk. Miete	190,80 €	60,00		11.448,00 €
				- €
kalk. Zins	54.689,58 €	1,00		54.689,58 €
			Zwischensumme:	236.319,16 €
			Summe:	965.513,56 €

TCO für 60 physische Server[80]

---

[80] selbststellte TCO

Abb. 7

Kosten physische Maschinen	Anzahl	Kosten für eine phys. Maschine	Kostendifferenz/-einsparung		Anzahl	Differenz kumuliert	Kosten virt. M.	Kosten phys. M.
965.513,66 €	60,00	16.091,89 €	11.264,10 €		1	11.264,10 €	4.827,79 €	16.091,89 €
					2	22.528,20 €	9.655,58 €	32.183,79 €
Kosten virtuelle Maschinen	Anzahl	Kosten für eine virt. Maschine			3	33.792,30 €	14.483,37 €	48.275,68 €
289.667,49 €	60,00	4.827,79 €			4	45.056,40 €	19.311,17 €	64.367,57 €
					5	56.320,51 €	24.138,96 €	80.459,46 €
					6	67.584,61 €	28.966,75 €	96.551,36 €
					7	78.848,71 €	33.794,54 €	112.643,25 €
					8	90.112,81 €	38.622,33 €	128.735,14 €
					9	101.376,91 €	43.450,12 €	144.827,03 €
					10	112.641,01 €	48.277,92 €	160.918,93 €

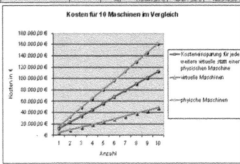

Kosten für 10 Maschinen im Vergleich

Kosteneinsparung[81]

---

[81] selbsterstellte Tabelle und Grafik

Abb. 8

Nutzwertanalyse						
	virtuelle Server		physische Server		Ideal	
Auflistung der qualitativen Nutzenelemente	Wichtung	Note	TNW	Note	TNW	Note	TNWid
Ausfallzeit	0,15	3	0,45	1	0,15	3	0,45
Flexibilität	0,1	3	0,3	1	0,1	3	0,3
Storage	0,12	2	0,24	2	0,24	3	0,36
Bestell-/Lieferzeit	0,12	3	0,36	1	0,12	3	0,36
Backups	0,1	2	0,2	2	0,2	3	0,3
Hardwareanschlüsse	0,1	1	0,1	3	0,3	3	0,3
Upgradefähigkeit	0,05	3	0,15	1	0,05	3	0,15
Verwaltung	0,12	3	0,36	1	0,12	3	0,36
Kompatibilität / Support	0,14	1	0,14	2	0,28	3	0,42
Kontrollsumme	1						
Gesamtnutzwerte			2,3		1,56		3
Rangfolge			1		2		

Legende:	Kürzel/Note	Bedeutung
	1	schlecht
	2	mittelmäßig
	3	gut
	TNW	Teilnutzwert
	TNWid	Idealteilnutzwert

Nutzwertanalyse[82]

---

[82] selbsterstellte Nutzwertanalyse